RECUEIL

DE

CANTIQUES SPIRITUELS.

CANTIQUES

SPIRITUELS,

A L'USAGE

DES ÉCOLES, DES ARTISANS

ET

DES GENS DE LA CAMPAGNE.

LILLE.

L. LEFORT, IMPRIMEUR-LIBRAIRE,

RUE ESQUERMOISE, 55.

—

1833.

CANTIQUES SPIRITUELS.

1.er RECUEIL.

ACTES DES VERTUS THÉOLOGALES.

Acte de Foi.

Oui, je le crois
Ce que l'Eglise nous annonce :
Oui, je le crois,
Seigneur, et j'honore ses lois ;
Toutes les fois qu'elle prononce,
Par elle l'Esprit saint s'énonce ;
Oui, je le crois.

Acte d'Espérance.

J'espère en vous,
Dieu de bonté, Dieu de clémence,
J'espère en vous :
Quel autre espoir seroit plus doux ?
Vous seul comblez mon espérance,
Vous seul serez ma récompense ;
J'espère en vous.

Acte de Charité.

O Dieu Sauveur !
Vous êtes le seul bien suprême,
O Dieu Sauveur !
A vous seul je donne mon cœur :
Et pour l'amour de vous seul, j'aime
Mon prochain autant que moi-même,
O Dieu Sauveur !

SENTIMENS DE CONTRITION.

A tes pieds, Dieu que j'adore ,
Ramené par mes malheurs ,
Tu vois mon cœur qui déplore
Ses écarts et ses erreurs.
    Seigneur Seigneur !
Ah ! reçois, reçois encore ,   } *bis.*
Mes soupirs et ma douleur.
    Seigneur , etc.

Si mon crime, qui te blesse ,
Sollicite ton courroux,
Ta clémence aussi te presse
De me sauver de tes coups.
    Seigneur ! Seigneur !
J'attends tout de ta tendresse;   } *bis.*
Désarme ton bras vengeur,
    Seigneur , etc.

Israël, jadis coupable ,
Pleure ses égaremens :
Bientôt ta main secourable
En suspend les châtimens.
    Seigneur ! Seigneur !
Jette un regard favorable   } *bis.*
Sur ce malheureux pécheur !
    Seigneur , etc.

Je ne puis rien sans ta grâce ;
Daigne donc me secourir ;
Seul , j'ai causé ma disgrace ,
Seul , je ne puis revenir.
    Seigneur ! Seigneur !
L'espoir enfin a fait place   } *bis.*
A ma trop juste frayeur.
    Seigneur , etc.

Mes soupirs sont ton ouvrage ;
Puisse mon cœur malheureux
Te venger de mon outrage
Et de mes coupables feux!

Seigneur ! Seigneur !
Que mon cœur long-temps volage, } *bis.*
N'aime plus que sa douleur !
Seigneur , etc.

AMENDE HONORABLE.

Mon Dieu , mon cœur touché
D'avoir péché ,
Demande grâce :
Joins à tous tes bienfaits
L'oubli de mes excès.
J'avois du monde , hélas ! voulu suivre la trace ,
Pardon , mon Dieu ! pardon :
N'es-tu pas un Dieu bon ?

Ah ! ah ! dans cette saison
Où ma raison
Devoit te suivre ,
J'errois les jours entiers;
Dans de honteux sentiers ;
Comment à mes malheurs m'as-tu laissé survivre ?
Pardon , etc.

Tu me disois souvent ,
Viens , mon enfant ,
Ma voix t'appelle ;
J'allois à mes plaisirs
Au gré de mes désirs ,
Et tu pus si long-temps souffrir un fils rebelle !
Pardon , etc.

Je pouvois bien périr
Sans recourir
A ta clémence ;
J'aurois traîné mes fers
Dans le fond des enfers :
Comment porter alors le poids de ta vengeance ?
Pardon , etc.

Etant si sensuel,
D'un feu cruel souffrir la peine !

Formé pour le bonheur,
Languir dans la douleur !
Et d'un maître irrité porter toute la haine !
    Pardon , etc.

    Mon Dieu, toujours gémir,
Jamais jouir
De ta présence ;
N'avoir aucun espoir
D'aller un jour te voir :
Toujours porter l'ennui d'une éternelle absence !
    Pardon , etc.

    Condamné par ta loi,
Privé de toi
Par ma malice ,
Coupable infortuné,
Pourquoi serois-je né ?
Fais taire à mon égard les droits de la justice.
    Pardon , etc.

    Plus juste désormais,
Et pour jamais
Toujours fidèle ,
Je vivrai dans les pleurs ,
Dans les saintes rigueurs ;
Heureux, si je parviens à la gloire immortelle ?
    Pardon , etc.

VANITÉS DU MONDE.

Tout n'est que vanité,
Mensonge, fragilité,
Dans tous ces objets divers
Qu'offre à nos regards l'Univers :
Tous ces brillans dehors,
Cette pompe ,
Ces biens, ces trésors ,
Tout nous trompe,
Tout nous éblouit ;
Mais tout nous échappe et nous fuit.

Telles qu'on voit les fleurs
Avec leurs vives couleurs
Eclore, s'épanouir,
Se faner, tomber et périr ;
Tel est des vains attraits
Le partage :
Tel l'éclat, les traits
Du bel âge,
Après quelques jours,
Perdent leur beauté pour toujours.
En vain, pour être heureux,
Le jeune voluptueux
Se plonge dans les douceurs
Qu'offrent les mondains séducteurs ;
Plus il suit les plaisirs
Qui l'enchantent,
Et moins ses désirs
Se contentent ;
Le bonheur le fuit
A mesure qu'il le poursuit.
Que doivent devenir,
Pour l'homme qui doit mourir,
Ces biens long-temps amassés,
Cet argent, cet or entassés ?
Fût-il du genre humain,
Seul le Maître,
Pour lui tout enfin
Cesse d'être :
Au jour de son deuil,
Il n'a plus à lui qu'un cercueil.
Que sont tous ces honneurs,
Ces titres, ces noms flatteurs ;
Où vont de l'ambitieux
Les projets, les soins et les vœux ?
Vaine ombre, pur néant,
Vil atome,
Mensonge amusant,
Vrai fantôme,

Qui s'évanouit,
Après l'avoir toujours séduit.
Tel qui voit aujourd'hui
Ramper au-dessous de lui
Un peuple d'adorateurs,
Qui brigue à l'envi ses faveurs ;
Tel devenu demain
La victime
D'un revers soudain
Qui l'opprime ,
Nouveau malheureux ,
Est esclave et rampe comme eux.
J'ai vu l'impie heureux
Porter son air fastueux
Et son front audacieux
Au-dessus du cèdre orgueilleux,
Au loin tout révéroit
Sa puissance,
Et tout adoroit
Sa présence ,
Je passe , et soudain
Il n'est plus ; je le cherche en vain.
Que sont donc devenus
Ces grands , ces guerriers connus ,
Ces hommes dont les exploits
Ont soumis la terre à leurs lois ?
Les traits éblouissans
De leur gloire ,
Leurs noms florissans ,
Leur mémoire ,
Avec les héros,
Sont entrés au sein des tombeaux.
Au savant orgueilleux
Que sert un génie heureux ;
Un nom devenu fameux
Par mille travaux glorieux !
Non, les plus beaux talens ,
L'éloquence ,

Les succès brillans ,
La science ,
Ne servent de rien
A qui ne sait vivre en Chrétien.
Arbitre des humains,
Dieu seul tient entre ses mains
Les événemens divers
Et le sort de tout l'Univers;
Seul , il n'a qu'à parler,
Et la foudre
Va frapper , brûler,
Mettre en poudre
Les plus grands héros,
Comme les plus vils vermisseaux!
La mort dans son courroux
Disperse à son gré ses coups ;
N'épargne ni le haut rang ,
Ni l'éclat auguste du sang.
Tout doit un jour mourir ,
Tout succombe ;
Tout doit s'engloutir
Dans la tombe :
Les sujets , les rois
Iront s'y confondre à-la-fois.
Oui , la mort à son choix ,
Soumet tout âge à ses lois;
Et l'homme ne fut jamais
A l'abri d'un seul de ses traits :
Comme sur son retour,
La vieillesse ,
Dans son plus beau jour;
La jeunesse ,
L'enfance au berceau ,
Trouvent tour-à-tour leur tombeau.
Oh ! combien malheureux
Est l'homme présomptueux ,
Qui , dans ce monde trompeur ,
Croit pouvoir trouver son bonheur

Dieu seul est immortel,
Immuable,
Seul grand, éternel,
Seul aimable.
Avec son secours,
Soyons à lui seul pour toujours.

LA MORT.

A la mort, à la mort,
Pécheur, tout finira ;
Le Seigneur, à la mort,
Te jugera.
Il faut mourir, il faut mourir,
De ce monde il nous faut sortir ;
Le triste arrêt en est porté ;
Il faut qu'il soit exécuté,
A la mort, etc.

Comme une fleur qui se flétrit,
Ainsi l'homme bientôt périt ;
L'affreuse mort vient de ses jours
En un moment trancher le cours.
A la mort, etc.

Pécheurs, venez près du cercueil,
Venez confondre votre orgueil ;
Là tout ce qu'on estime tant
Est enfin réduit au néant.
A la mort, etc.

Vous que séduit la vanité,
Que deviendra votre beauté ?
Vos traits sans forme et sans couleur
Vous rendront un objet d'horreur.
A la mort, etc.

Vous qui suivez tous vos désirs,
Qui vous plongez dans les plaisirs ;
Pour vous quel affreux changement.
La mort va faire en ce moment !
A la mort, etc.

Plus de plaisirs , plus de douceurs,
Plus de pouvoirs, plus de grandeurs.
Ces biens dont vous êtes jaloux
Vont tout-à-coup périr pour vous.
A la mort , etc.

Adieu, famille , adieu, parens,
Adieu, chers amis , chers enfans;
Votre cœur se désolera ;
Mais enfin tout vous quittera.
A la mort , etc.

Ce moment doit bientôt venir,
Mais on en fuit le souvenir ;
Et l'homme sans réflexion
Vit ainsi dans l'illusion,
A la mort , etc.

S'il vous falloit subir l'arrêt ,
Chrétiens , qui de vous seroit prêt ?
Combien dont le funeste sort
Seroit une éternelle mort !
A la mort , etc.

LE JUGEMENT.

Dieu va déployer sa puissance ,
Le temps comme un songe s'enfuit.
Les siècles sont passés , l'éternité commence ;
Le monde va rentrer dans l'horreur de la nuit.
Dieu , etc.

J'entends la trompette effrayante:
Quels bruits ! quels lugubres éclairs!
Le Seigneur a lancé sa foudre étincelante,
Et ses feux dévorans embrasent l'Univers.
J'entends, etc.

Les monts foudroyés se renversent ;
Les êtres sont tous confondus ;
La mer ouvre son sein , les ondes se dispersent,
Tout est dans le chaos, et la terre n'est plus.
Les monts , etc.

Sortez des tombeaux , ô poussière !
Dépouilles des pâles humains :
Le Seigneur vous appelle ; il vous rend la lumière,
Il va sonder vos cœurs, et fixer vos destins.
    Sortez , etc.

Il vient... tout est dans le silence ;
Sa croix porte au loin la terreur :
Le pécheur consterné frémit en sa présence ;
Et le juste lui-même est saisi de frayeur.
    Il vient , etc.

Assis sur un trône de gloire,
Il dit : Venez, ô mes Élus !
Comme moi vous avez remporté la victoire ;
Recevez de mes mains le prix de vos vertus.
    Assis , etc.

Tombez dans le sein des abîmes ;
Tombez , pécheurs audacieux ;
De mon juste courroux immortelles victimes ;
Vils suppôts des démons, vous brûlerez comme eux.
    Tombez , etc.

Vous n'êtes plus , vaines chimères ,
Objet d'un sacrilége amour :
Fléaux du genre humain, oppresseurs de vos frères,
Héros tant célébrés, qu'êtes-vous en ce jour ?
    Vous n'êtes plus , etc.

Triste éternité de supplices,
Tu vas donc commencer ton cours :
De l'heureuse Sion ineffables délices,
Bonheur , gloire des Saints, vous durerez toujours.
    Triste éternité , etc.

Grand Dieu ! qui sera la victime
De ton implacable fureur ?
Quel noir pressentiment me tourmente et m'opprime!
La crainte et les remords me déchirent le cœur.
    Grand Dieu , etc.

De tes jugemens , Dieu sévère,
Pourrai-je oublier les rigueurs ?
J'ai péché ; mais ton sang désarme ta colère ;
J'ai péché; mais mon crime est éteint dans mes pleurs.
    De tes jugemens , etc.

L'ENFER.

Aʜ ! quel spectacle à mes yeux se découvre !
De nos erreurs déchirons le bandeau ;
Que voyons-nous ? J'en frémis, l'enfer s'ouvre,
La foi, Chrétiens, nous prête son flambeau.

Le Tout-Puissant, armé de son tonnerre,
Dans son courroux creusa ces sombres lieux ;
C'est là qu'il fait une éternelle guerre
Aux sectateurs de l'ange audacieux.

Là le mortel entraîné par le crime,
Déplore en vain ses longs égaremens :
Sa triste voix dans le fond de l'abîme
N'attendrit plus le ciel sur ses tourmens.

Des bienheureux en se traçant l'image,
Son cœur jaloux reçoit un noir poison ;
Le ciel perdu redouble encore sa rage,
Il en gémit dans sa triste prison.

Le sein heureux où repose Lazare,
Fait naître, hélas ! ses désirs renaissans ;
Il prend l'essor : c'est en vain, tout l'égare ;
L'amour, la haine augmentent ses tourmens.

D'un ver rongeur déplorable victime,
Il voit trop tard ses profanes amours ;
Ces fiers tyrans, les auteurs de son crime,
Ne sont pour lui que de cruels vautours.

Il se prêtoit aux perfides délices,
En espérant de la vertu le prix ;
Mais aujourd'hui tenu dans les supplices,
L'homme damné connoît qu'il s'est mépris.

D'un feu vengeur, soufflé par la colère,
Le réprouvé sent toute la rigueur,
Toujours souffrir, ce sort le désespère,
Jamais mourir, c'est un nouveau malheur.

L'infortuné seroit bien moins à plaindre,
Si ses tourmens pouvoient finir un jour ;

Mais il sait trop que rien ne peut éteindre
Le feu vengeur de l'infernal séjour.

O mort cruelle ! ô mort impitoyable !
En le frappant tu l'éloignas du port ;
Le temps qui fuit , n'est plus pour le coupable :
L'éternité fixe son triste sort.

LE PURGATOIRE.

Au fond des brûlans abîmes,
Nous gémissons, nous pleurons ;
Et pour expier nos crimes,
Loin de Dieu nous y souffrons.
Hélas ! hélas !
Feu vengeur, de tes victimes
Les pleurs ne t'éteignent pas. } *bis.*
Hélas! hélas ! etc.

A l'aspect de nos supplices,
Chrétiens , attendrissez-vous :
A nos maux soyez propices,
O nos frères ! sauvez-nous.
Hélas ! hélas !
Le Ciel , sans vos sacrifices,
Ne les abrègera pas. } *bis.*
Hélas ! hélas ! etc.

De ces flammes dévorantes
Vous pouvez nous arracher :
Hâtez-vous , ames ferventes,
Dieu se laissera toucher.
Hélas ! hélas!
De ces peines si cuisantes
La fin ne vient-elle pas ? } *bis.*
Hélas ! hélas! etc.

Grand Dieu ! de votre justice
Désarmez le bras vengeur :
Que notre malheur finisse
Par le sang d'un Dieu Sauveur!

Hélas ! hélas !
Volre main libératrice
Ne s'ouvrira-t-elle pas !
  Hélas ! hélas ! etc.

} bis.

LE CIEL.

Sainte cité , demeure permanente ,
Sacré palais qu'habite le grand Roi ,
Où doit un jour régner l'ame innocente ,
Quoi de plus doux que de penser à toi !
  O ma patrie !
  O mon bonheur !
  Toute ma vie ,
  Sois le vœu de mon cœur.

} bis.

Dans tes parvis tout n'est plus qu'allégresse ;
C'est un torrent des plus chastes plaisirs ;
On ne ressent ni peine ni tristesse ,
On ne connoît ni plainte ni soupirs.
  O ma patrie ! etc.
Tes habitans ne craignent plus d'orage ;
Ils sont au port , ils y sont pour jamais ;
Un calme entier devient leur doux partage ,
Dieu dans leur cœur verse un fleuve de paix.
  O ma patrie ! etc.
De quel éclat ce Dieu les environne !
Ah ! je les vois tout brillans de clarté ;
Rien ne sauroit y flétrir leur couronne :
Leur vêtement est l'immortalité.
  O ma patrie ! etc.
Pour les élus il n'est point d'inconstance,
Tout est soumis au joug du saint amour ;
L'affreux péché n'a plus là de puissance :
Tout bénit Dieu dans cet heureux séjour.
  O ma patrie ! etc.
Beauté divine, ô beauté ravissante !
Tu fais l'objet du suprême bonheur :
O quand naîtra cette aurore brillante
Où nous pourrons contempler ta splendeur ?
  O ma patrie ! etc.

Puisque Dieu seul est notre récompense ;
Qu'il soit aussi la fin de nos travaux ;
Dans cette vie un moment de souffrance
Mérite au ciel un éternel repos.
  O ma patrie !
  O mon bonheur !
  Toute ma vie,
Sois le vœu de mon cœur.   } bis.

L'AME FIDÈLE SOUPIRE APRÈS SON DIEU.

Venez, divin Messie,
Sauvez nos jours infortunés ;
 Venez, source de vie,
 Venez, venez, venez.

Ah ! descendez, hâtez vos pas,
Sauvez les hommes du trépas,
Secourez-nous, ne tardez pas :
 Venez, divin Messie,
Sauvez nos jours infortunés ;
 Venez, source de vie,
 Venez, venez, venez.

Ah ! désarmez votre courroux,
Nous soupirons à vos genoux ;
Seigneur, nous n'espérons qu'en vous.
 Pour nous livrer la guerre,
Tous les enfers sont déchaînés ;
 Descendez sur la terre,
 Venez, venez, venez.

Que nos soupirs soient entendus :
Les biens que nous avons perdus
Ne nous seront-ils point rendus ?
 Voyez couler nos larmes :
Grand Dieu, si vous nous pardonnez,
 Nous n'aurons plus d'alarmes ;
 Venez, venez, venez.

Si vous venez en ces bas lieux,
Nous vous verrons, victorieux,
Fermer l'enfer, ouvrir les cieux.
 Nous l'espérons sans cesse ;

Les cieux nous furent destinés :
Tenez votre promesse ,
Venez , venez , venez.

Ah ! puissions-nous chanter un jour
Dans votre bienheureuse cour ,
Et votre gloire et votre amour !
C'est là l'heureux partage
De ceux que vous prédestinez :
Donnez-nous-en le gage ,
Venez , venez , venez.

PRÉPARATION A LA SAINTE COMMUNION.

Quel beau jour ! quel bonheur suprème !
Enfans , élevez vos concerts :
La terre devient le ciel même;
Voici le Dieu de l'univers.
Que l'amour s'unisse à la crainte ;
Le Verbe descend parmi vous :
Foibles mortels , abaissez-vous
Sous sa majesté sainte.

Chœur.

Unissons l'amour à la crainte :
Le Verbe descend parmi nous :
Foibles mortels , abaissons-nous
Sous sa majesté sainte.

Sa voix me convie à sa table,
Sa main y verse le bonheur ;
De son amour inépuisable
Je vais donc goûter la douceur.
Unissons l'amour , etc.

Tendre Pasteur , comme il s'empresse
A me témoigner son amour !
Une mère a moins de tendresse
Pour l'enfant qu'elle a mis au jour.
Unissons l'amour , etc.

Son trône est porté par les anges,
Il vole sur l'aile des vents.

Il daigne accepter les louanges
De ceux qu'il nomme ses enfans.
    Unissons l'amour, etc.

Et quoi ! ce Dieu bon veut qu'on l'aime ;
Il daigne habiter en ces lieux.
Que dis-je ? il se donne lui-même :
C'est le plus beau présent des cieux.
    Unissons l'amour, etc.

Sainte Sion, sois embrasée
D'une nouvelle et sainte ardeur.
Les cieux répandent leur rosée,
La terre enfante son Sauveur.
    Unissons l'amour, etc.

Seigneur, dans ce nouveau cénacle,
Heureux qui goûte tes bienfaits
A l'ombre de ton tabernacle...
Plus heureux qui n'en sort jamais !
    Unissons l'amour, etc.

ACTES APRÈS LA SAINTE COMMUNION.

Un encens pur embaume cet asile.
Quel doux concert ! quel chant mélodieux !...
Mon cœur se tait, et mon ame est tranquille :
La paix du ciel habite dans ces lieux.
    O pain de vie !
    O mon Sauveur !
    L'ame ravie,
Trouve en vous son bonheur.

Pour embellir le temple de mon ame,
Le Très-haut daigne y fixer son séjour.
Je le possède, il m'inspire, il m'enflamme :
Je l'ai trouvé, je l'aime sans retour.
    O pain de vie, etc.

Je vous adore au-dedans de moi-même,
Je vous contemple à l'ombre de la foi :
Mon Dieu, mon tout, félicité suprême !
Je ne vis plus, mais Jésus vit en moi.
    O pain de vie ! etc.

O saints transports ! vive et douce allégresse !
Chastes ardeurs ! divins embrassemens !
O plaisirs purs ! délicieuse ivresse !
Mon cœur se perd en vos ravissemens !
   O pain de vie ! etc.

Que vous rendrai-je, ô Sauveur plein de charmes,
Pour tous les dons que j'ai reçus de vous ?
Prenez ce cœur, et recueillez ces larmes ;
C'est le tribut dont vous êtes jaloux.
   O pain de vie ! etc.

Tant qu'à la nuit une aurore nouvelle
Succédera pour ramener le jour,
Je l'ai juré, je vous serai fidelle ;
Je vous promets un immortel amour.
   O pain de vie ! etc.

Ah ! que ma langue immobile et glacée,
En ce moment s'attache à mon palais.
Si, dans mon cœur, s'efface la pensée
De votre amour, comme de vos bienfaits.
   O pain de vie ! etc.

RÉSOLUTIONS APRÈS LA Ste. COMMUNION.

Mon cœur, en ce jour solennel
Il faut enfin choisir un maître ;
Balancer seroit criminel,
Quand Dieu seul est digne de l'être.
C'en est donc fait, ô Dieu Sauveur ! } bis.
A vous seul je donne mon cœur.

A qui doit-il appartenir,
Ce cœur qui vous doit l'existence,
Que vous avez daigné nourrir
De votre immortelle substance ?
C'en est, etc.

A chercher la félicité,
Hélas ! en vain je me consume ;

Loin de vous tout est vanité,
Déplaisir, tristesse, amertume.
C'en est, etc.

Vous seul pouvez me rendre heureux,
Je le sens; oui, votre présence
A pleinement comblé mes vœux,
Et fixé ma longue inconstance.
C'en est, etc.

Que sont tous les biens d'ici-bas?
Qu'ils ont peu de valeur réelle !
Tous ensemble ils ne peuvent pas
Satisfaire une ame immortelle.
C'en est, etc.

Que puis-je désirer de plus ?
Je possède mon Dieu lui-même.
Ah ! tous les biens sont superflus
Quand on jouit du bien suprême.
C'en est, etc.

En vain, trop séduisans plaisirs,
Vous faites briller tous vos charmes ;
Vous trompez toujours nos désirs ;
Et vous finissez par des larmes.
C'en est, etc.

Dans votre festin précieux,
Quelle innocente et douce ivresse !
O quels plaisirs délicieux
Me fait goûter votre tendresse!
C'en est, etc.

Le monde prétend à tout prix
Qu'à suivre ses lois je m'engage:
Tu n'obtiendras que mon mépris,
Monde, aussi trompeur que volage.
C'en est, etc.

Vous m'avez dit avec douceur :
Mon enfant, prends mon joug aimable:
Quand on le porte avec ardeur,
Il est léger, doux, agréable.
C'en est, etc.

Qu'ils sont étonnans vos bienfaits !
Leur grandeur fait mon impuissance ;
Et comment pourrai-je jamais
Acquitter ma reconnoissance ?
C'en est , etc.

Vous voulez bien me demander
De mon cœur la chétive offrande :
Hésiterois-je d'accorder
Ce que le Tout-puissant demande ?
C'en est , etc.

Oui, ce cœur vous est consacré ;
Je veux que toujours il vous aime ;
J'en atteste le don sacré
Qu'il tient de votre amour extrême.
C'en est donc fait, ô Dieu Sauveur !   } bis.
A vous seul je donne mon cœur.

RENOVATION DES VŒUX DU BAPTÊME.

Une voix.

QUAND l'eau sainte du Baptême
Coula sur vos fronts naissans,
Et qu'un Dieu , la bonté même ,
Vous adopta pour enfans ,
Muets encore , -
D'autres promirent pour vous :
Aujourd'hui confessez tous
La foi dont un Chrétien s'honore.

Tous les Fidèles.

Foi de nos pères,
Notre règle et notre amour,
Nous embrassons, dans ce jour,
Et ta morale et tes mystères.

En vain , à ma foi soumise ,
S'oppose un orgueil trompeur ;
Sur les traces de l'Eglise ,
Puis-je marcher dans l'erreur ?

Trinité sainte ,
Je te confesse et te crois ,
Et je t'adore trois fois ,
Et plein d'amour et plein de crainte.
Foi de nos pères , etc.

Annoncé par mille oracles ,
Et de la terre l'espoir ,
L'homme-Dieu , par ses miracles,
Fait éclater son pouvoir.
Victime pure ,
Il triomphe du trépas :
Et je n'adorerois pas
En lui , l'Auteur de la nature !
Foi de nos pères , etc.

Que sa morale est divine !
Que sa parole a d'attraits !
Tous les cœurs qu'il illumine ,
Il les console en secret.
Et l'on blasphème
Ce Dieu fait homme pour nous !
Ingrats ! tombez à genoux....
Voyez s'il mérite qu'on l'aime.
Foi de nos pères , etc.

Par un funeste héritage ,
Nos parens , avec le jour ,
Nous transmirent en partage
La haine d'un Dieu d'amour.
J'implore et crie :
Dieu s'offense de mes pleurs ;
Mais Jésus a dit : Je meurs ,
Et sa mort me rend à la vie.
Foi de nos pères , etc.

Ciel , quelle robe éclatante !
Quel bain pur et bienfaisant !
Quelle parole puissante
D'un Dieu m'a rendu l'enfant
Je te baptise....
Le ciel s'ouvre , plus d'enfer ,
Et des Anges le concert

M'introduit au sein de l'Église.
    Foi de nos pères, etc.

De quel œil de complaisance
Vous me vîtes, ô mon Dieu,
Quand revêtu d'innocence,
On m'emporta du saint lieu !
    Pensée amère !
O beau jour trop tôt passé !
Hélas ! je me suis lassé,
Mon Dieu, de vous avoir pour père.
    Foi de nos pères, etc.

J'ai blessé votre tendresse,
Violé vos saintes lois :
Vous me rappeliez sans cesse;
Je repoussois votre voix.
    Du moins mes larmes
Obtiendront-elles pardon ?
Seigneur, de votre maison
Je puis encor goûter les charmes.
    Foi de nos pères, etc.

Loin de moi, monde profane;
Fuis, ô plaisir séduisant :
L'Évangile vous condamne,
Vous blessez en caressant.
    Sous votre empire,
Mon Dieu, sont les vrais trésors;
Vos douceurs sont sans remords,
C'est pour elles que je soupire.
    Foi de nos pères, etc.

Loin de ces tentes coupables,
Où s'agite le pécheur,
Sous vos pavillons aimables
Je trouverai le bonheur:
    Avant l'aurore,
Mon cœur vous appellera;
Et quand le jour finira,
Mes chants vous béniront encore.
    Foi de nos pères, etc.

POUR LA CONFIRMATION.

Quelle nouvelle et sainte ardeur
En ce jour transporte mon ame ;
Je sens que l'Esprit Créateur
De son feu tout divin m'enflamme.

Refrain.

Vive Jésus ! je crois, je suis chrétien ;
    Censeurs, je vous méprise ;
Lancez, lancez vos traits, je ne crains rien,
    Mon bras vainqueur les brise.

Il faut, dans un noble combat
Pour vous, Seigneur, que je m'engage ;
Vous m'avez fait votre soldat,
Vous m'en donnerez le courage.
Vive Jésus ! etc.

Du salut le signe sacré
Arme mon front pour ma défense.
Devant lui l'Enfer conjuré
Perdra sa funeste puissance.
Vive Jésus ! etc.

Le mépris d'un monde insensé
Pourroit-il m'alarmer encore ?
Loin de m'en trouver offensé,
Je sens aujourd'hui qu'il m'honore.
Vive Jésus ! etc.

Dans sa fureur l'impiété
Veut me ravir le Dieu que j'aime ;
Je veux, fort de la vérité,
Lui dire toujours anathème.
Vive Jésus ! etc.

On a vu de foibles agneaux
Triompher de l'aveugle rage
Et des tyrans et des bourreaux ;
Foible comme eux Dieu m'encourage :
Vive Jésus, etc.

Enfant des généreux martyrs ,
Puissé-je égaler leur constance,
Et trouver mes plus doux plaisirs
Au sein même de la souffrance.
Vive Jésus ! etc.

A la mort fallût-il s'offrir ,
Ou perdre , hélas ! mon innocence :
Grand Dieu ! je consens à mourir :
Ne souffrez pas que je balance.
Vive Jésus ! etc.

Seigneur , à vos aimables lois
Le grand nombre seroit rebelle ;
Que mon cœur constant dans son choix ,
Y seroit encor plus fidèle.
Vive Jésus ! etc.

Être à vous, c'est là notre honneur
Divin conquérant de nos ames ;
Vous servir est notre bonheur,
O Céleste objet de nos flammes
Vive Jésus ! etc.

Chrétiens ! ranimons notre ardeur ;
Contemplons la palme immortelle !
Le Ciel la promet au vainqueur,
Combattons et mourons pour elle.
Vive Jésus ! etc.

SUR LE RESPECT HUMAIN.

Refrain.

BRAVONS les enfers ,
Brisons tous nos fers,
Sortons de l'esclavage ;
Unissons nos voix ,
Rendons à la Croix
Un sincère et public hommage.

Jurons haine au respect humain,
Brisons cette idole fragile

Sur ses débris que notre main
Élève un trône à l'Évangile.
    Bravons, etc.

    Chrétiens, d'une vaine terreur
Serons-nous toujours la victime ?
Qu'il soit banni de notre cœur
Le cruel tyran qui l'opprime.
    Bravons, etc.

    Sous le joug d'un monde censeur
Nous gémissons dès notre enfance ;
Recouvrons, vengeons notre honneur,
Proclamons notre indépendance.
    Bravons, etc.

    Partout flottent les étendards
Qu'arbore, à nos yeux la licence ;
Faisons briller à ses regards
La bannière de l'innocence.
    Bravons, etc.

    Tout Chrétien doit être un soldat
Rempli d'ardeur, né pour la gloire ;
Quand son chef le mène au combat,
Tremblant, il fuiroit la victoire ?
    Bravons, etc.

    Tandis que sur le champ d'honneur
La valeur signale les braves,
On me verroit lâche et sans cœur
Traînant les chaînes des esclaves ?
    Bravons, etc.

    Quoi, vous rougissez, vils mortels,
Honteux d'être vus dans un temple,
Adorant au pied des Autels
Le grand Dieu que le Ciel contemple !
    Bravons, etc.

    D'hommes contre vous impuissans,
Vous redoutez les vains murmures !
Que feriez-vous si des tyrans
Il falloit subir les tortures ?
    Bravons, etc.

Ne profanez point ce saint lieu :
Allez , Chrétiens pusillanimes ;
Qui tremble , trahira son Dieu ;
La foiblesse est mère des crimes.
    Bravons , etc

    Tremblez , audacieux mortels,
Dieu diffère votre sentence ;
Ses arrêts seront éternels ,
La justice aura sa vengeance.
    Bravons , etc.

    Seigneur, ton camp sera le mien ;
Tant qu'il coulera dans mes veines
Quelques gouttes du sang chrétien :
Monde, tes menaces sont vaines.
    Bravons, etc.

    Divin Roi , jusqu'à mon trépas
Mon cœur te restera fidèle ;
Puisse la Croix , guidant mes pas ,
Me voir tomber , mourir près d'elle.
    Bravons , etc.

    Chrétiens , le signal est donné ;
Hâtons-nous , courons à la gloire ;
L'heure du triomphe a sonné ,
Le ciel nous promet la victoire.
    Bravons , etc.

SUR LA PASSION

DE NOTRE-SEIGNEUR JÉSUS-CHRIST.

    Au sang qu'un Dieu va répandre ,
Ah ! mêlez du moins vos pleurs ,
Chrétiens, qui venez entendre
Le récit de ses douleurs.
Puisque c'est pour vos offenses
Que ce Dieu souffre aujourd'hui ,
Animés par ses souffrances,
Vivez et mourez pour lui.

Dans un jardin solitaire
Il sent de rudes combats ;
Il prie, il craint, il espère ;
Son cœur veut et ne veut pas.
Tantôt la crainte est plus forte
Et tantôt l'amour plus fort :
Mais enfin l'amour l'emporte,
Et lui fait choisir la mort.

Judas, que la fureur guide,
L'aborde d'un air soumis ;
Il l'embrasse, et ce perfide
Le livre à ses ennemis :
Judas, un pécheur t'imite,
Quand il feint de l'apaiser ;
Souvent sa bouche hypocrite
Le trahit par un baiser.

On l'abandonne à la rage
De cent tigres inhumains ;
Sur son aimable visage
Les soldats portent leurs mains.
Vous deviez, Anges fidèles,
Témoins de ces attentats,
Ou le mettre sous vos ailes,
Ou frapper tous ces ingrats.

Ils le traînent au Grand-Prêtre
Qui seconde leur fureur,
Et ne veut le reconnoître
Que pour un blasphémateur :
Quand il jugera la terre,
Le Sauveur aura son tour,
Aux éclats de son tonnerre,
Tu le connoîtras un jour.

Tandis qu'il se sacrifie,
Tout conspire à l'outrager,
Pierre lui-même l'oublie,
Et le traite d'étranger ;
Mais Jésus perce son ame
D'un regard tendre et vainqueur,

Et met d'un seul trait de flamme
Le repentir dans son cœur.

Chez Pilate on le compare
Au dernier des scélérats ;
Qu'entends-je ? ô peuple barbare !
Tes cris sont pour Barrabas ;
Quelle indigne préférence ?
Le juste est abandonné ;
On condamne l'innocence,
Et le crime est pardonné.

On le dépouille, on l'attache ,
Chacun arme son courroux :
Je vois cet agneau sans tache,
Tombant presque sous les coups :
C'est à nous d'être victimes :
Arrêtez, cruels bourreaux :
C'est pour effacer vos crimes
Que son sang coule à grands flots.

Une couronne cruelle
Perce son auguste front :
A ce Chef, à ce Modèle,
Mondains , vous faites affront :
Il languit dans les supplices ,
C'est un homme de douleurs ;
Vous vivez dans les délices ,
Vous vous couronnez de fleurs.

Il marche , il monte au Calvaire
Chargé d'un infâme bois ;
De là , comme d'une chaire ,
Il fait entendre sa voix :
Ciel, dérobe à la vengeance
Ceux qui m'osent outrager ;
C'est ainsi , quand on l'offense ,
Qu'un Chrétien doit se venger.

Une troupe mutinée
L'insulte et crie à l'envi :
S'il changeoit sa destinée,
Oui , nous croirions tous en lui ;

Il peut la changer sans peine,
Malgré vos nœuds et vos clous ;
Mais le nœud qui seul l'enchaîne ,
C'est l'amour qu'il a pour nous.

Ah ! de ce lit de souffrance ,
Seigneur, ne descendez pas ;
Suspendez votre puissance ;
Restez-y jusqu'au trépas ;
Mais tenez votre promesse ,
Attirez-nous après vous ;
Pour prix de votre tendresse ;
Puissions-nous y mourir tous !

Il expire , et la nature
Dans lui pleure son auteur ;
Il n'est point de créature
Qui ne marque sa douleur.
Un spectacle si terrible
Ne pourra-t-il me toucher ?
Et serai-je moins sensible
Que n'est le plus dur rocher ?

CANTIQUE DU CALVAIRE.

Une voix.

Puissant Roi des Rois
Mort pour moi sur le Calvaire,
Du haut de ce bois
Daigne entendre ma foible voix.

Le chœur.

Puissant Roi des Rois,
Mort pour nous sur le Calvaire ,
Du haut de ce bois
Daigne entendre nos foibles voix.

Une voix.

Viens, viens m'ombrager de ta croix,

Le chœur.

Arbre salutaire ,

Une voix.

Abri de tout le genre humain ,

Le chœur.

Bouclier du Chrétien ,
Viens , viens , viens.

Une voix.

O Dieu Rédempteur ,
Prends pitié de mon enfance ;
O divin Sauveur ,
Porte le calme dans mon cœur.

Le chœur.

O Dieu Rédempteur ,
Prends pitié de notre enfance ;
O divin Sauveur ,
Sois toujours notre protecteur.

Une voix.

Jésus sois toujours mon bonheur ,

Le chœur.

Et notre espérance.

Une voix.

Jésus , sois mon unique bien ,

Le chœur.

Et notre soutien :
Viens , viens , viens.

Une voix.

Je reviens à toi :
Sans toi je cesserois d'être ;
Mon cœur et ma foi
Seront fidèles à ta loi.

3*

Le chœur.

Revenons à toi :
Sans toi nous cesserions d'être ;
Nos cœurs, notre foi
Seront fidèles à ta loi.

Une voix.

Oui, tu seras toujours mon roi,

Le chœur.

Notre divin maître.

Une voix.

Tu seras toujours mon soutien.

Le chœur.

Et notre vrai bien :
Viens, viens, viens.

Une voix.

Croix de mon Sauveur,
O trésor inépuisable,
Source de bonheur,
Reçois l'hommage de mon cœur.

Le chœur.

Croix du Rédempteur,
O trésor inépuisable,
Source de bonheur,
Reçois l'hommage de nos cœurs.

Une voix.

Viens me combler de tes faveurs.

Le chœur.

O Croix adorable,

Une voix.

Et sois l'appui du vrai chrétien.

Le chœur.

Aimable soutien ,
Viens, viens, viens.

Le cœur répète deux fois.

Chantons à jamais
Son triomphe et sa puissance ;
Chantons à jamais
Et notre amour et ses bienfaits.

TRIOMPHE DE LA CROIX.

CÉLÉBRONS la victoire
D'un Dieu mort sur la croix ,
Et pour chanter sa gloire ,
Réunissons nos voix :
De son amour extrême
Cédons aux traits vainqueurs ;
Pour le Dieu qui nous aime ,
Réunissons nos cœurs.
Du vainqueur de l'enfer célébrons la victoire ;
Réunissons nos cœurs, réunissons nos voix.
Chantons avec transport son triomphe et sa gloire ,
Chantons, vive Jésus, vive, vive sa croix.

Sa croix, heureux symbole
De son amour pour nous,
Jadis du Capitole
Chassa les dieux jaloux :
Alors dans l'esclavage ,
L'homme à d'infâmes dieux
Payoit par son hommage
Le droit d'être comme eux.
Du vainqueur, etc.

Grand Dieu, seul adorable
Seul digne de nos chants,
Seul de l'homme coupable
Vous n'avez point d'encens ;

Mais que votre tonnerre
Fasse entendre sa voix,
Et force enfin la terre
A respecter vos lois.
Du vainqueur, etc.

Mais son cœur qui s'oppose
A ses foudres vengeurs,
Par l'amour se propose
De conquérir les cœurs :
Pour expier nos crimes,
Notre sang est trop peu ;
Il faut d'autres victimes
Pour désarmer un Dieu.
Du vainqueur, etc.

Son Fils, verbe adorable,
Doit tomber sous ses coups ;
Son sang seul est capable
De calmer son courroux :
Pour ma grâce il soupire ;
Il l'exige en mourant,
Sur la croix il expire,
Et l'Univers se rend.
Du vainqueur, etc.

Tel qu'après les orages,
Le soleil radieux
Dissipe les nuages,
Rend leur éclat aux cieux ;
Tel le Dieu que j'adore,
Trop long-temps ignore,
Du couchant à l'aurore
Voit son nom adoré.
Du vainqueur, etc.

La croix, heureux asile
De l'univers soumis,
Brave l'orgueil stérile
De ses fiers ennemis ;
On s'empresse à lui rendre
Des hommages parfaits ;

Sa gloire va s'étendre
Autant que ses bienfaits.
Du vainqueur , etc.

    Quel éclat l'environne !
Elle voit à ses pieds
Le sceptre et la couronne
Des rois humiliés.
Rome cherche à lui plaire ,
Tout suit ses étendards ;
Et le Dieu du Calvaire
Est le Dieu des Césars.
Du vainqueur , etc.

    Ce Dieu seul est aimable ;
Cédons à ses attraits ;
D'un amour immuable
Payons tous ses bienfaits ;
Portons-lui nos offrandes ,
Et parons son autel
De fleurs et de guirlandes
Dignes de l'immortel.
Du vainqueur, etc.

    Que le ciel applaudisse
Aux chants de son amour ;
Et que l'enfer frémisse
Du bonheur de ce jour !
Chantons tous la victoire
Du maître des vainqueurs ;
Consacrons à sa gloire
Et nos voix et nos cœurs.
Du vainqueur , etc.

POUR LA PROCESSION DU SAINT SACREMENT.

O Cœur divin , Cœur tout brûlant d'amour ,
Embrasez-nous de vos célestes flammes
Puissent nos chants célébrer en ce jour ,
Le tendre Cœur de l'Epoux de nos âmes !
    Venez, enfans , à pleines mains
    Jetez les lis de l'innocence ,

Et goûtez les charmes divins
Qu'ici vous offre sa présence.

Ah! qu'il est doux le don de votre Cœur.
Des plaisirs purs la source intarissable,
Seul, il peut faire ici notre bonheur :
Ah! qu'il est beau, consolant, adorable!
    Venez, enfans, etc.

Heureux celui qui, dans ce Cœur divin,
De l'amour puise, à longs traits, les prémices!
Ainsi toujours le brûlant Séraphin,
Au sein de Dieu s'enivre de délices.
    Venez, enfans, etc.

O mon Jésus! ô mon souverain bien!
Tels sont les vœux de mon ame ravie ;
Puisse mon cœur reposer dans le tien !
Puisse mon cœur trouver en toi la vie !
    Venez, enfans, etc.

Céleste époux, ma vie et mon trésor,
A tes attraits ta grandeur est pareille ;
Tes saintes lois sont plus riches que l'or ;
Ton cœur plus doux que le miel de l'abeille.
    Venez, enfans, etc.

Hâte ce jour où, libre de mes fers,
De la colombe osant prendre des ailes,
J'irai, Seigneur, loin de cet univers,
Jouir en paix des douceurs éternelles!
    Venez, enfans, etc.

HOMMAGE AU SACRÉ CŒUR DE JÉSUS.

Perçant les voiles de l'aurore,
Le jour apparoît dans les cieux
Ainsi, Cœur sacré que j'adore,
Tout rayonnant d'amour tu viens frapper mes yeux.

Séraphins, à ce Roi suprême   (bis.)
Souffrez que j'offre vos ardeurs :

Pour aimer Jésus comme il aime,
Foibles mortels, c'est trop peu de nos cœurs   (*bis.*)
    Toujours dans cet auguste asile
    Jésus va régner en vainqueur ;
    Venez, peuple tendre et docile ,
Au pied de ses autels rendre hommage à son cœur.
    Séraphins , etc.

    Ce Cœur généreux , magnanime,
    Du Ciel irrité contre nous
    Voulut devenir la victime
Et nous mettre à l'abri des traits de son courroux.
    Séraphins , etc.

    Des instrumens de son supplice
    Il dresse un trophée en ce jour :
    Quel noble et touchant artifice ,
Pour captiver nos cœurs , les gagner sans retour.
    Séraphins , etc.

    Contemplez la croix qui s'élève
    Du Cœur entr'ouvert de Jésus.
    Le sang de Jésus est la sève
Qui fait croître et fleurir cet arbre des élus.
    Séraphins , etc.

    Sondez la profonde blessure
    D'où des flots de sang ont coulé ;
    C'est là , qu'attendri je mesure
Par quel excès d'amour Jésus s'est immolé.
    Séraphins , etc.

    Comptez ces épines cruelles,
    Jésus en soutient les rigueurs !
    A leur aspect , ames charnelles ,
Oseriez-vous encor vous couronner de fleurs ?
    Séraphins , etc.

    Que vois-je ? des torrens de flammes
    S'élancent du Cœur de mon Dieu !
    Amour, oui, c'est toi qui l'enflammes,
Ah! partout en ces lieux répands un si beau feu.
    Séraphins , etc.

Autour de ce Cœur, ô saints Anges !
Tremblans et joyeux à-la-fois,
Chantez, célébrez ses louanges :
A vos chants s'uniront et nos cœurs et nos voix :
Séraphins, etc.

O Cœur, notre unique espérance,
Couronne en ce jour tes bienfaits :
Deviens le salut de la France,
Et force tous les cœurs de t'aimer à jamais.
Séraphins, etc.

HOMMAGE AU SAINT CŒUR DE MARIE.

Divin Cœur de Marie,
Cœur tout brûlant d'amour,
Cœur que la terre envie
Au céleste séjour ;
Communique à nos ames
Un rayon de feu,
De ces heureuses flammes
Dont tu brûlas pour Dieu.

Sanctuaire ineffable
Où reposa Jésus ;
O source intarissable
De toutes les vertus,
Percé, sur le Calvaire,
D'un glaive de douleurs,
A ton amour la terre
N'oppose que froideurs.

Cœur tendre, Cœur aimable,
Du pécheur le secours,
Sa malice exécrable
Te perce tous les jours.
Ah ! puissent nos hommages
Ici-bas expier
Tant de sanglans outrages
Qu'on te fait essuyer.

Montre-toi notre Mère ;
De tes enfans chéris
Reçois l'humble prière ,
Pour l'offrir à ton Fils.
Conduis-nous sous ton aile
Jusqu'au Cœur de Jésus ;
Une Mère peut-elle
Essuyer un refus ?

TRIOMPHE DE LA TRÈS-SAINTE VIERGE.

TRIOMPHEZ , Reine des Cieux ,
A vous bénir que tout s'empresse :
Triomphez , Reine des Cieux
Dans tous les temps, dans tous les lieux.

Que l'amour nous prête ,
En ce jour de fête,
Que l'amour nous prête
Ses plus doux accords ;
Et que notre voix s'apprête
A seconder ses efforts.
Triomphez , etc.

Célébrons en ce saint jour ,
Les vertus de l'humble Marie ,
Célébrons , en ce saint jour ,
Et ses bienfaits et son amour.

Sans cesse enrichie,
Jeunesse chérie,
Sans cesse enrichie ,
Des plus heureux dons ;
C'est de la main de Marie,
Chrétiens , que nous les tenons.
Triomphez , etc.

Qu'à jamais de ses faveurs
Nos chants rappellent la mémoire.
Qu'à jamais de ses faveurs
Le souvenir charme nos cœurs.

Le Ciel et la terre ,
Ravis de lui plaire ,
Le Ciel et la terre
Chantent ses appas.
Vos enfans, ô tendre Mère ,
Ne vous béniront-ils pas ?
Triomphez , etc.

Achevez notre bonheur ;
Retracez en nous votre image ;
Achevez notre bonheur ,
Et gravez dans nous votre cœur.

Guidez de l'enfance ,
Par votre puissance,
Guidez de l'enfance
Les pas chancelans ,
Et que l'aimable innocence
Couronne nos derniers ans.
Triomphez , etc.

CANTIQUE DU CHAPELET.

D'une mère chérie
Célébrons les grandeurs ;
Consacrons à Marie
Et nos voix et nos cœurs.

Chœur.

De concert avec l'Ange ,
Quand il la salua ,
Disons à sa louange
Un *Ave*, *Maria*.

Modeste créature,
Elle plut au Seigneur ;
Et Vierge toujours pure,
Enfanta le Sauveur.
De concert, etc.

Nous étions la conquête
Du tyran des enfers

En écrasant sa tête ,
Elle a brisé nos fers.
   De concert , etc.

   Que l'espoir se relève
En nos cœurs abattus ;
Par cette nouvelle Eve
Les cieux nous sont rendus.
   De concert , etc.

   O Marie ! ô ma mère !
Prenez soin de mon sort :
C'est en vous que j'espère
En la vie , à la mort.
   De concert , etc.

   Obtenez-nous la grâce ,
A notre dernier jour ,
De vous voir face à face
Au céleste séjour.
   De concert , etc.

CHARITÉ.

Pleins de ferveur
Brûlons sans cesse ,
Pleins de ferveur
Pour le Seigneur.
Tournons vers lui notre tendresse ,
Lui seul mérite notre cœur.
   Pleins de ferveur
Brûlons sans cesse ,
Pleins de ferveur
Pour le Seigneur.

Lui seul est grand ,
Bon , équitable ,
Lui seul est grand ,
Saint , tout-puissant.
Qu'il est parfait , qu'il est aimable !
Ah ! quel objet plus ravissant !
   Lui seul , etc.

Aime mon cœur,
Aime ton maître,
Aime, mon cœur,
Ton Créateur,
Pour l'aimer, il t'a donné l'être,
Lui-même il est ton Rédempteur.
    Aime, etc.
    Plein de bonté
    Pour un coupable,
    Plein de bonté,
    De charité,
Un Dieu dans son sang adorable
A lavé mon iniquité.
    Plein, etc.
    Viens m'animer,
    Amour céleste,
    Viens m'animer,
    Viens m'enflammer.
Plein de dégoût pour tout le reste,
C'est mon Dieu que je veux aimer.
    Viens, etc.
    Quel doux penchant
    Vers Dieu m'entraîne !
    Quel doux penchant
    Mon cœur ressent !
Vous m'aimez, Bonté souveraine,
Pour vous serois-je indifférent ?
    Quel doux, etc.
    Tout mon désir
    C'est de vous plaire,
    Tout mon désir,
    Tout mon plaisir.
A vous, mon Dieu, mon tendre Père,
Je dois jusqu'au moindre soupir.
    Tout, etc.
    Ah ! quel bonheur,
    Quand on vous aime !
    Ah ! quel bonheur,
    Quelle douceur !

On goûte au dedans de soi-même
Une paix qui ravit le cœur.
   Ah ! quel , etc.

   Régnez en moi ,
   Maitre adorable ,
   Régnez en moi ,
   Souverain Roi ;
Gravez d'un trait ineffaçable ,
Dans mon cœur votre sainte loi.
   Régnez , etc.

   O vérité ,
   O bien suprême !
   O vérité ,
   O charité !
Faites, grand Dieu , que je vous aime
   Dans le jour de l'éternité.
   O vérité , etc.

BONHEUR D'UNE JEUNESSE PASSÉE DANS LA PIÉTÉ.

   HEUREUX qui, dès son enfance,
Soumis aux lois du Seigneur ,
N'a pas, avec l'innocence,
Perdu la paix de son cœur !
Chéri de celui qu'il adore ,
Son bonheur le suit en tout lieu :
Que peut-il désirer encore,
Quand il se voit l'ami d'un Dieu ?
   Heureux qui , etc.

En vain la fortune couronne
Du pécheur les moindres désirs;
Le remords cruel empoisonne
Les plus vantés de ses plaisirs.
   Heureux qui , etc.

Qui se laisse prendre à tes charmes ,
Trop séduisante volupté,

Expiera bientôt dans les larmes
Le plaisir qu'il aura goûté.
   Heureux qui , etc.

Le moment d'une folle ivresse
Fait place à celui des regrets ;
Ce bonheur qu'il poursuit sans cesse,
Le mondain ne l'aura jamais.
   Heureux qui , etc.

Seigneur de ma tranquille vie
Rien ne sauroit troubler le cours ;
La paix ne peut être ravie
A qui veut vous aimer toujours.
   Heureux qui , etc.

Le monde étale sa richesse ,
Mais ses biens ne m'ont point tenté ;
J'ai le trésor de la sagesse
Dans le sein de la pauvreté.
   Heureux qui , etc.

La croix où mon Jésus expire
Change mes peines en douceurs:
Si quelquefois mon cœur soupire ,
C'est que je songe à ses douleurs.
   Heureux qui , etc.

L'espoir d'une gloire immortelle
Et d'un bonheur toujours nouveau ;
Sème de fleurs, pour le fidelle ,
Les bords si tristes du tombeau.
   Heureux qui , etc.

Mon Dieu , j'y descendrai sans crainte ,
Espérant , des bras de la mort ,
Voler vers ta demeure sainte ,
Et chanter dans un doux transport :
   Heureux qui , etc.

PROTESTATION DE FIDÉLITÉ.

SEIGNEUR, dès ma première enfance,
Tu me préviens de tes bienfaits ;
Heureux, si ma reconnoissance
Dans mon cœur les grave à jamais !
Le monde trompeur et volage
En vain m'offriroit sa faveur,
Je n'en veux point ; tout mon partage   } bis.
Est de n'aimer que le Seigneur.

Dieu règne en pèrè dans mon ame,
Il en remplit tous les désirs,
Et l'amour pur dont il m'enflamme
Vaut seul mieux que tous les plaisirs.
   Le monde, etc.

Si je m'égare, il me rappelle,
Si je tombe il me tend la main;
Il me protège sous son aile,
Il me renferme dans son sein.
   Le monde, etc.

Si je suis constant et fidèle
A conserver son saint amour,
Une récompense éternelle
M'attend dans son divin séjour.
   Le monde, etc.

Chrétiens, ne chérissons la vie
Que pour aimer et pour gémir ;
Nos pleurs nous ouvrent la patrie
Aimons jusqu'au dernier soupir.
   Le monde, etc.

CANTIQUE D'ACTIONS DE GRACE.

BÉNISSONS à jamais
Le Seigneur dans ses bienfaits:
Bénissez-le , saints Anges ,
Louez sa Majesté ;
Rendez à sa bonté
Mille et mille louanges.
Bénissons , etc.

O que c'est un bon Père !
Qu'il a grand soin de nous !
Il nous supporte tous ,
Malgré notre misère.
Bénissons , etc.

Comme un pasteur fidèle ,
Sans craindre le travail,
Il ramène au bercail
Une brebis rebelle.
Bénissons , etc.

Il a brisé ma chaîne ,
Comme un puissant vainqueur :
Et comme un doux Sauveur ,
Il m'a mis hors de peine.
Bénissons , etc.

Il a guéri mon ame ,
Comme un bon médecin,
Comme un maître divin ,
Il m'éclaire et m'enflamme.
Bénissons , etc.

Il me comble à toute heure
De grâce et de faveur ;
Dans le fond de mon cœur
Il a pris sa demeure.
Bénissons , etc.

Que tout loue en ma place
Un Dieu si plein d'amour ;
Qui me fait chaque jour
Une nouvelle grâce.
Bénissons, etc.

Sa bonté me supporte,
Sa lumière m'instruit,
Sa beauté me ravit,
Son amour me transporte.
Bénissons, etc.

Oui, sa douceur m'enchaîne ;
Sa grâce me guérit,
Sa force m'affermit,
Sa charité m'entraîne.
Bénissons, etc.

Dieu seul est ma tendresse,
Dieu seul est mon soutien,
Dieu seul est tout mon bien,
Ma vie et ma richesse.
Bénissons à jamais
Le Seigneur dans ses bienfaits.

CANTIQUE

EN L'HONNEUR DE JÉSUS CRUCIFIÉ. *

AIMONS Jésus pour nous en croix ;
N'est-il pas bien juste qu'on l'aime,
Puisqu'en expirant sur ce bois
Il nous aima plus que lui-même ?
Chrétiens, chantons à haute voix :
Vive Jésus, vive sa croix.

Gloire à cette divine croix,
Le Seigneur l'ayant épousée,

(*) Ce Cantique fut chanté lors de l'apparition miracule
de la Croix à Migné, le 17 Décembre 1826.

Elle n'est plus, comme autrefois,
Un objet d'horreur, de risée.
   Chrétiens, etc.

Gloire à cette divine croix,
Arbre dont le fruit salutaire
Répare le mal qu'autrefois
Fit le péché du premier père.
   Chrétiens, etc.

Gloire à cette divine croix,
C'est l'étendard de sa victoire :
Par elle il nous donna ses lois,
Par elle il entra dans sa gloire.
   Chrétiens, etc.

Gloire à cette divine croix,
De tous nos biens source féconde,
Qui, dans le sang du Roi des rois,
A lavé le péché du monde.
   Chrétiens, etc.

Gloire à cette divine croix,
La chaire de son éloquence,
Où me prêchant ce que je crois,
Il m'apprend tout par son silence.
   Chrétiens, etc.

Gloire à cette divine croix:
Ce n'est pas le bois que j'adore,
Mais c'est mon Sauveur sur ce bois
Que je révère et que j'implore.
   Chrétiens, etc.

Avec Jésus aimons sa croix ;
Prenons-la pour notre partage ;
Ce juste, cet aimable choix
Conduit au céleste héritage.
   Chrétiens, etc.

POUR UNE MESSE D'ACTIONS DE GRACES,

APRÈS UNE DISTRIBUTION DE PRIX.

Le Seigneur.

TRIOMPHANTE jeunesse,
En ce jour solennel,
Portez votre allégresse
Au pied de mon autel.

Les Élèves.

Grand Dieu, c'est toi qui donnes
La victoire aux vainqueurs;
Reçois donc les couronnes,
Et les prix et les cœurs.

Le Seigneur.

C'est moi dont la lumière
Eclaira vos esprits,
Et qui dans la carrière,
Vous guida vers le prix.

Les Élèves.

Grand Dieu, etc.

Le Seigneur.

Sans moi la renommée
N'est qu'un son, qu'un vain bruit;
Une vaine fumée
Qui s'échappe et s'enfuit.

Les Élèves.

Grand Dieu, etc.

Le Seigneur.

Et que sert le génie
Au superbe vainqueur?
Sa science est folie,
Dès qu'elle enfle son cœur.

Les Élèves.

Grand Dieu, etc.

Le Seigneur.

Pour vous, troupe fidelle
D'enfans que je chéris,
D'une offrande si belle
Vous recevrez le prix.

Les Élèves.

Grand Dieu, etc.

Le Seigneur.

Oui, quiconque me donne
Avec sincérité,
S'assure la couronne
De l'immortalité.

Les Élèves.

Grand Dieu, etc.

A la fin de la Messe, le Prêtre, au nom du Seigneur, remet aux Élèves leurs Prix, comme un monument de leurs travaux, et de leurs succés. — Les couronnes restent appendues dans l'église, comme un gage de reconnoissance envers Dieu, Auteur de tous les talens, à qui seul appartient l'honneur et la gloire.

Le Seigneur.

J'ai reçu votre offrande ;
J'ai vu votre ferveur :
Venez, que je vous rende
Tout, hormis votre cœur.

Les Élèves.

A toi, grand Dieu, la gloire
Des travaux, des succès;
Chanter notre victoire,
C'est chanter tes bienfaits.

Le Seigneur.

Que l'humble modestie,
Ce gage des élus,

Décore votre vie ;
Rehausse vos vertus.

Les Élèves.

A toi, grand Dieu, etc.

Le Seigneur.

Craignez de la louange
Les charmes séduisans,
Et sachez sans mélange
M'en renvoyer l'encens.

Les Élèves.

A toi, grand Dieu, etc.

Le Seigneur.

A la reconnoissance
Qu'exigent mes bienfaits,
Ajoutez la constance
De m'aimer à jamais.

Les Élèves.

A toi, grand Dieu, etc.

Le Seigneur.

Si vous êtes fidelles,
Je serai généreux ;
Et des faveurs nouvelles
Couronneront vos vœux.

Les Élèves.

A toi, grand Dieu, etc.

Le Seigneur.

Pour les palmes mortelles
Offertes dans ces lieux ;
Des palmes éternelles
Vous attendent aux cieux.

Les Elèves.

A toi, grand Dieu, etc.

PRIERE POUR M.ʳ LE CURÉ.

Conserve-nous long-temps, Seigneur,
   Notre guide fidèle,
Garde au troupeau son bon Pasteur,
   Au Juste son modèle.
Comme un miel pur, ta loi toujours
   Découle de sa bouche ;
Et plus encor que ses discours,
   Son exemple nous touche.
Au chrétien laisse encor long-temps
   Le flambeau qui l'éclaire;
Long-temps encore à ses enfans
   Laisse un si tendre père.
Ne l'appelle à toi que vieillard ;
   Diffère son attente ;
Et si le prix lui vient plus tard,
   Que ta bonté l'augmente.

FIN.

LILLE — Imp. de L. Lefort. — 1833.